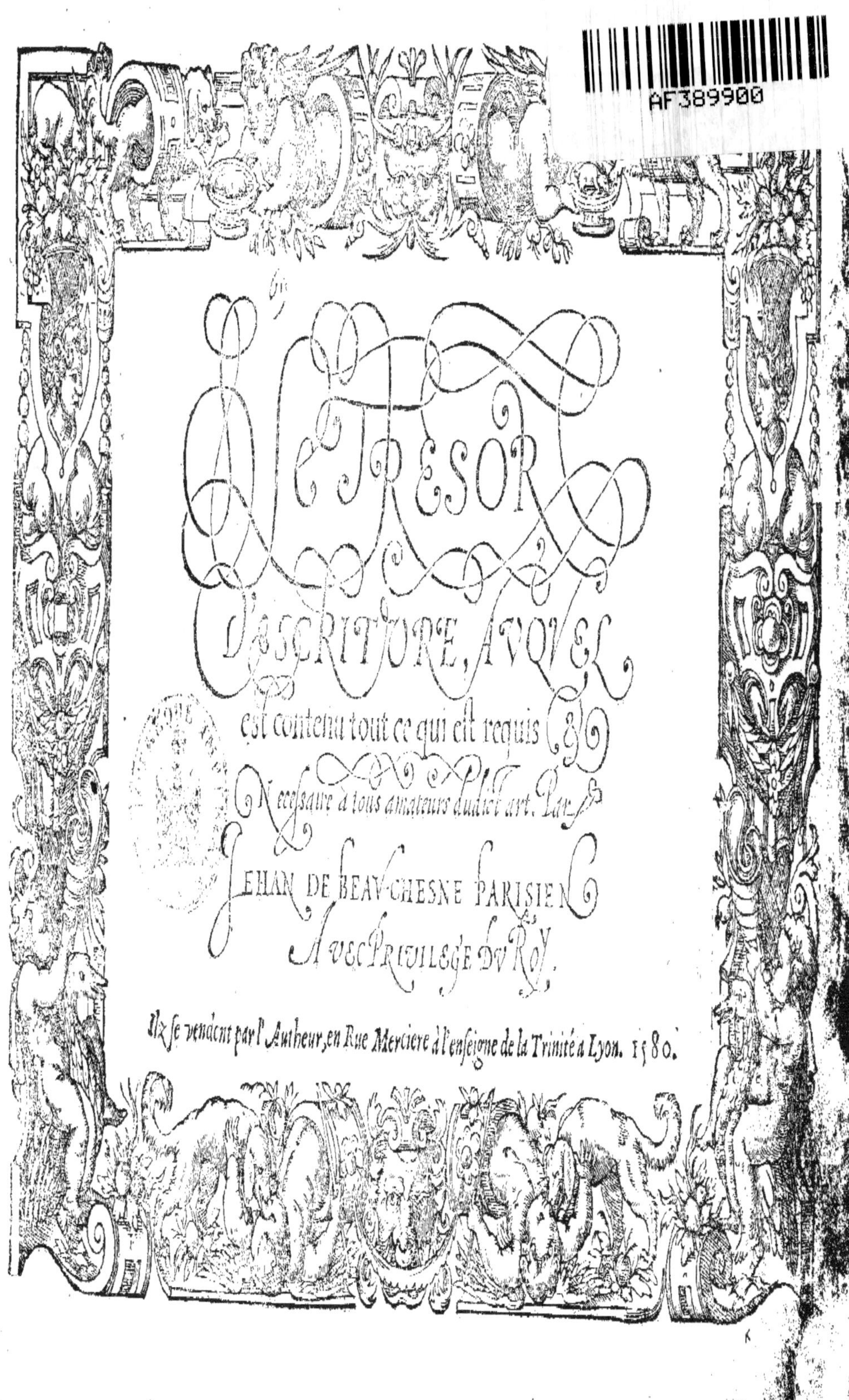

LE TRESOR
D'ESCRITVRE, AVQVEL
est contenu tout ce qui est requis &
Necessaire à tous amateurs dudict art. Par
JEHAN DE BEAVCHESNE PARISIEN
AVEC PRIVILEGE DV ROY.
Ilz se vendent par l'Autheur, en Rue Merciere à l'enseigne de la Trinité à Lyon. 1580.

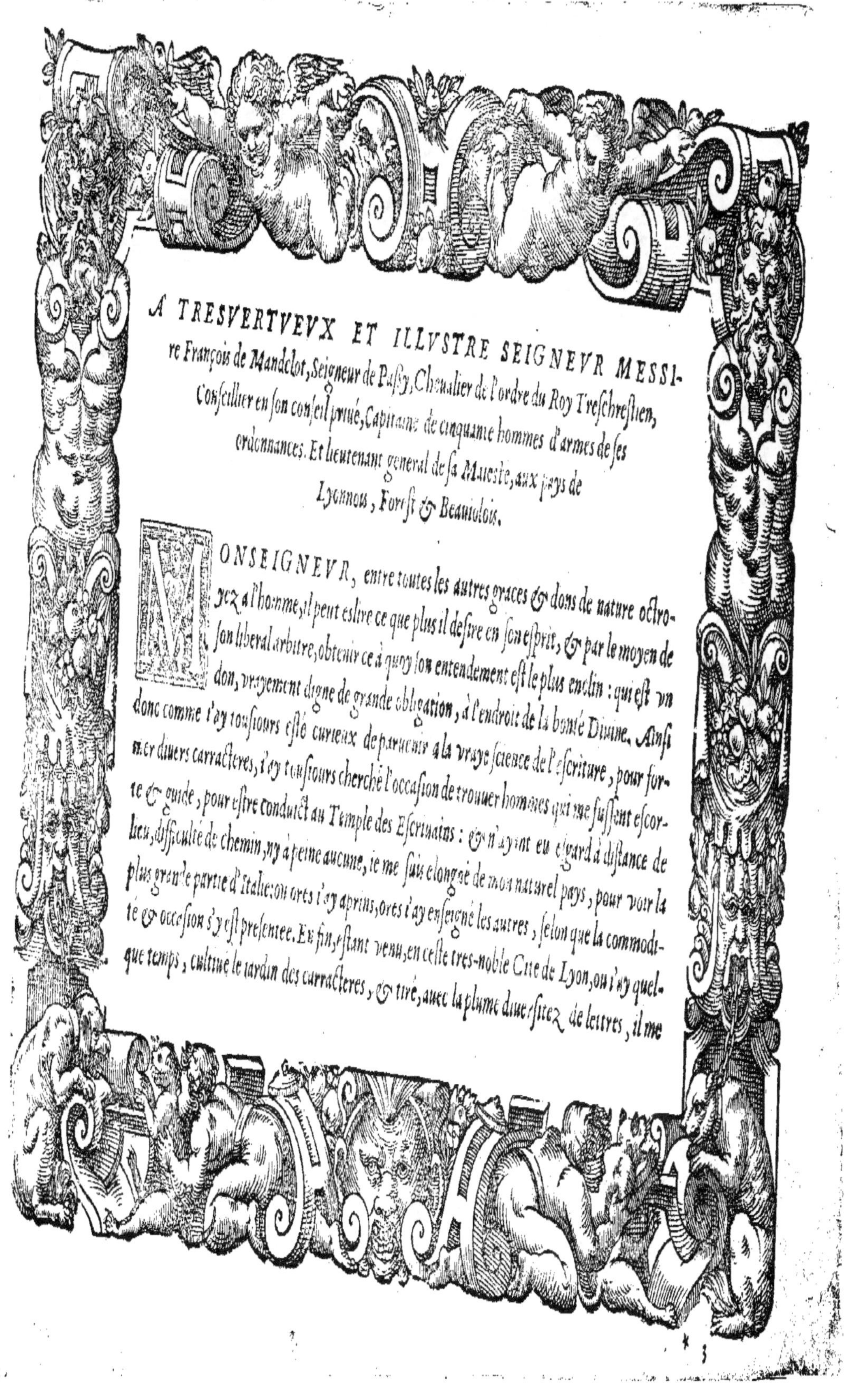

A TRESVERTVEVX ET ILLVSTRE SEIGNEVR MESSI-
re François de Mandelot, Seigneur de Passy, Chevalier de l'ordre du Roy Treschrestien,
Conseillier en son conseil privé, Capitaine de cinquante hommes d'armes de ses
ordonnances. Et lieutenant general de sa Maieste, aux pays de
Lyonnois, Forest & Beauiolois.

MONSEIGNEVR, entre toutes les autres graces & dons de nature octro-
yez a l'homme, il peut eslire ce que plus il desire en son esprit, & par le moyen de
son liberal arbitre, obtenir ce à quoy son entendement est le plus enclin : qui est vn
don, vrayement digne de grande obligation, à l'endroit de la bonté Divine. Ainsi
donc comme i'ay tousiours esté curieux de paruenir a la vraye science de l'escriture, pour for-
mer diuers carracteres, i'ay tousiours cherché l'occasion de trouuer hommes qui me fussent escor-
te & guide, pour estre conduict au Temple des Escriuains : & n'ayint eu esgard à distance de
lieu, difficulté de chemin, ny à peine aucune, ie me suis elongné de mon naturel pays, pour voir la
plus grande partie d'Italie: ou ores i'ay apprins, ores i'ay enseigné les autres, selon que la commodi-
té & occasion s'y est presentee. En fin, estant venu, en ceste tres-noble Cité de Lyon, ou i'ay quelque temps, cultiué le iardin des carracteres, & tiré, auec la plume diuersitez de lettres, il me

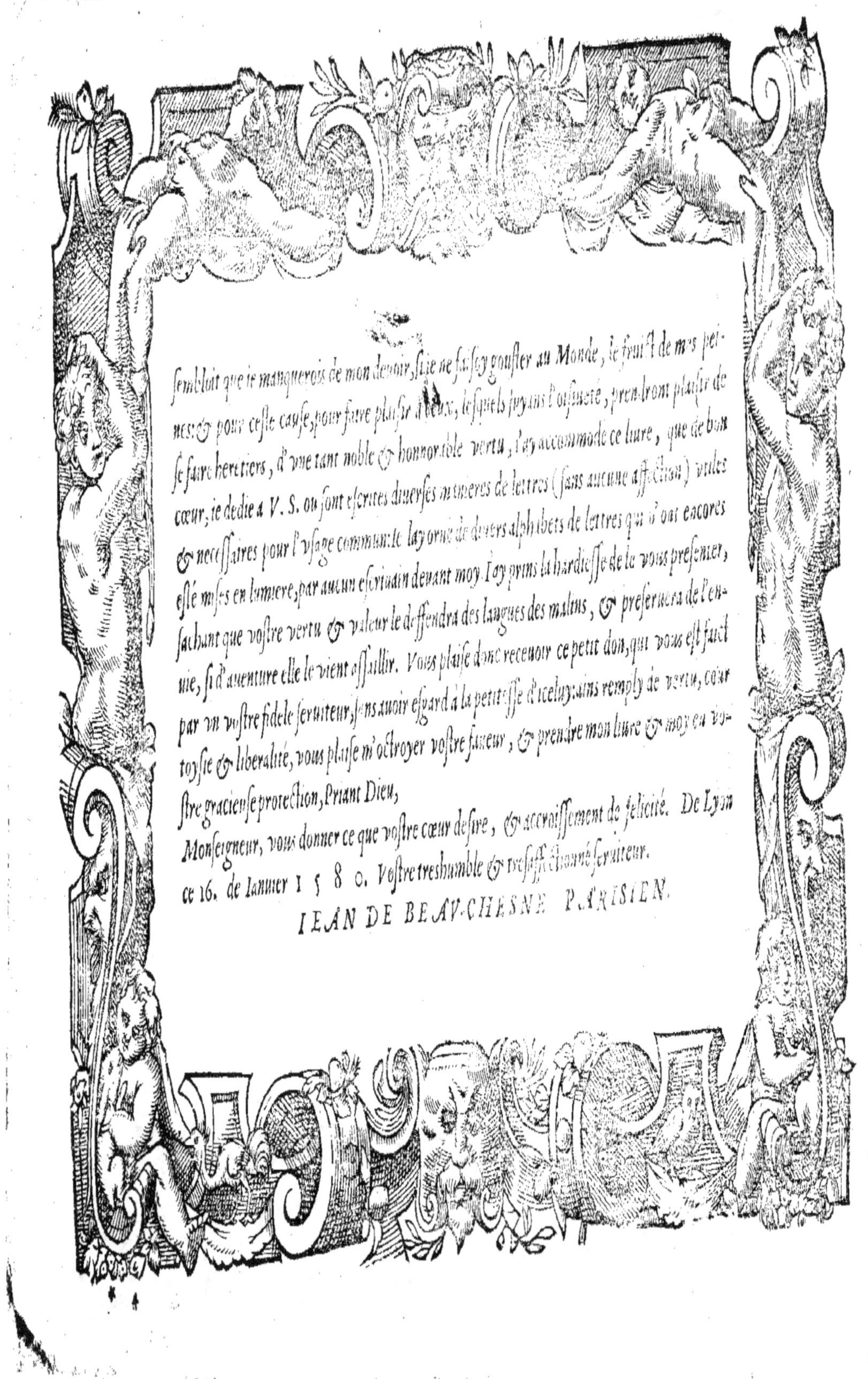

sembloit que ie manquerois de mon deuoir, si ie ne faisoy gouster au Monde, le fruict de mes pei-
nes: & pour ceste cause, pour faire plaisir à ceux, lesquels suyuans l'oisiuete, prendront plaisir de
se faire heretiers, d'vne tant noble & honnorable vertu, l'ay accommode ce liure, que de bon
cœur, ie dedie a V. S. ou sont escrites diuerses manieres de lettres (sans aucune affection) vtiles
& necessaires pour l'vsage commun: ie l'ay orne de diuers alphabets de lettres qui n'ont encores
esté mises en lumiere, par aucun escriuain deuant moy. I'ay prins la hardiesse de le vous presenter,
sachant que vostre vertu & valeur le deffendra des langues des malins, & preseruera de l'en-
uie, si d'auenture elle le vient assaillir. Vous plaise donc receuoir ce petit don, qui vous est faict
par vn vostre fidele seruiteur, sans auoir esgard à la petitesse d'iceluy: ains remply de vertu, cour-
toysie & liberalité, vous plaise m'octroyer vostre faueur, & prendre mon liure & moy en vostre gracieuse protection, Priant Dieu,
Monseigneur, vous donner ce que vostre cœur desire, & accroissement de felicité. De Lyon
ce 16. de Ianuier 1 5 8 o. Vostre treshumble & tressidele obeissant seruiteur.

IEAN DE BEAVCHESNE PARISIEN.

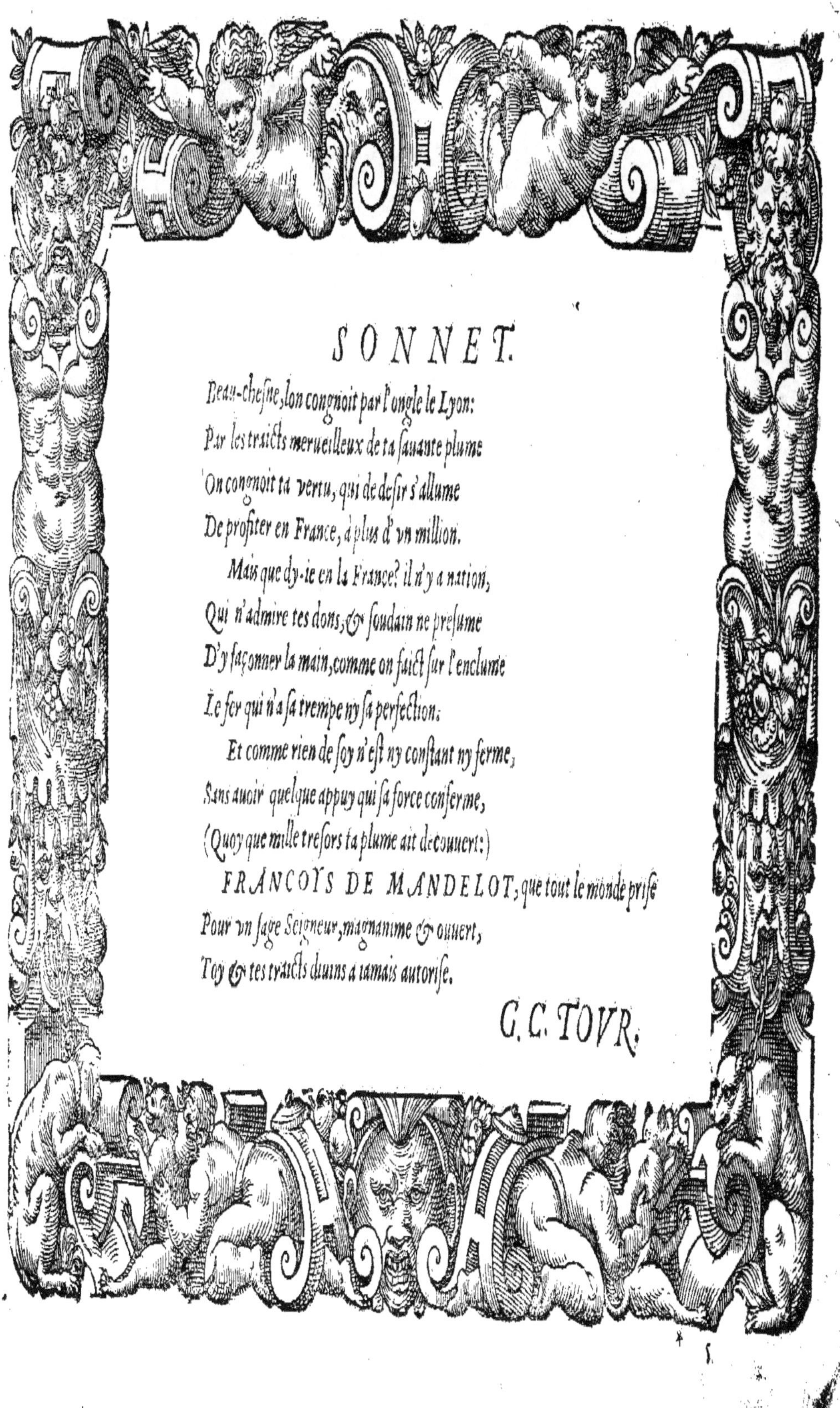

SONNET.

Beau-chesne, l'on congnoit par l'ongle le Lyon:
Par les traicts merueilleux de ta sauante plume
On congnoit ta vertu, qui de desir s'allume
De profiter en France, à plus d'vn million.

Mais que dy-ie en la France? il n'y a nation,
Qui n'admire tes dons, & soudain ne presume
D'y façonner la main, comme on faict sur l'enclume
Le fer qui n'a sa trempe ny sa perfection:

Et comme rien de soy n'est ny constant ny ferme,
Sans auoir quelque appuy qui sa force conserme,
(Quoy que mille tresors ta plume ait decouuert:)
FRANCOYS DE MANDELOT, que tout le monde prise
Pour vn sage Seigneur, magnanime & ouuert,
Toy & tes traicts diuins a iamais autorise.

G. C. TOVR.

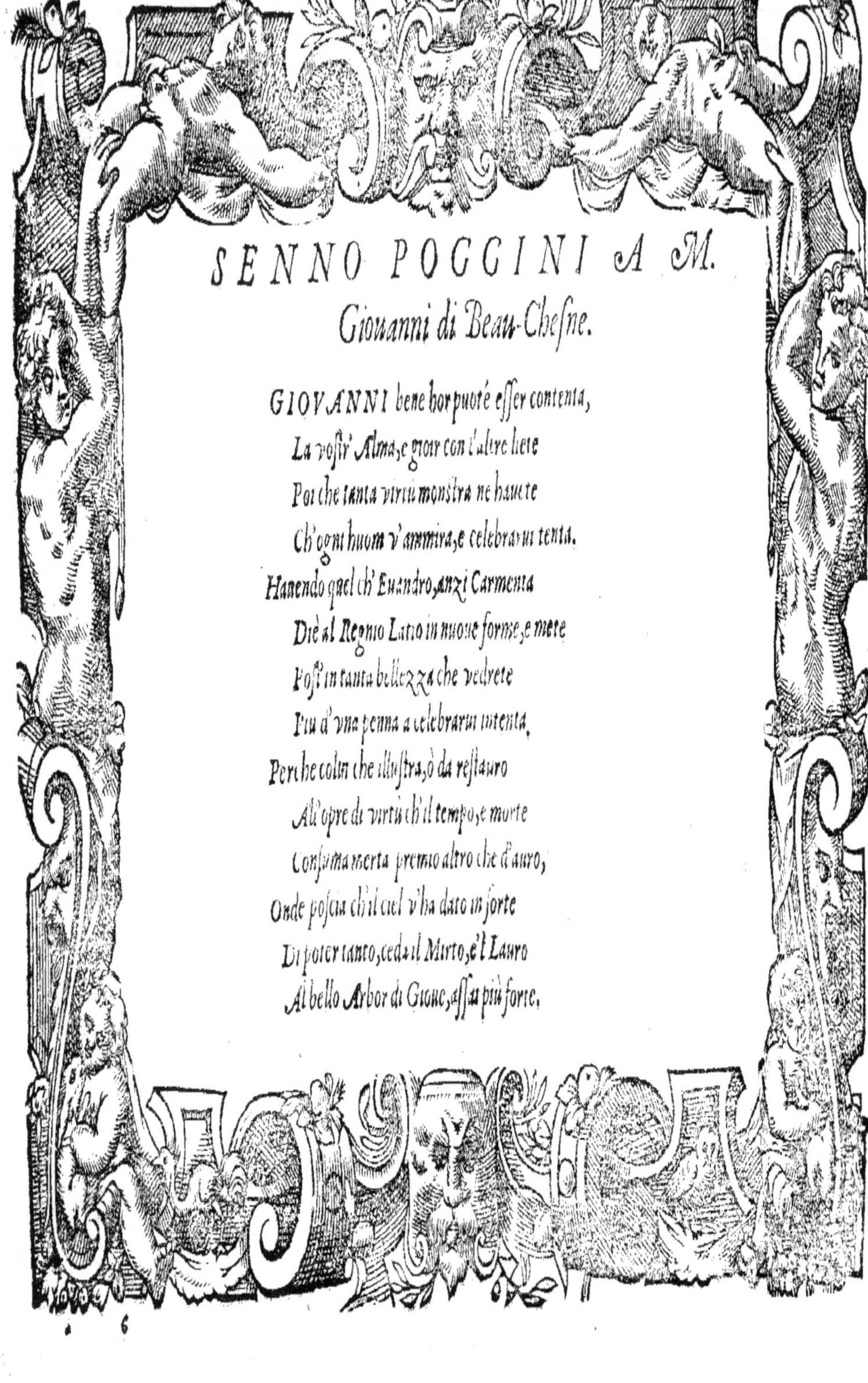

SENNO POGGINI A M.
Giouanni di Beau-Chesne.

GIOVANNI bene hor puoté esser contenta,
La vostr' Alma, e gioir con l'altre liete
Poi che tanta virtu monstra ne hauete
Ch'ogni huom v'ammira, e celebrarui tenta.
Hauendo quel ch' Euandro, anzi Carmenta
Diè al Regnio Latio in nuoue forme, e mete
Posi in tanta bellezza che vedrete
Piu d'vna penna a celebrarui intenta.
Perche colui che illustra, ò da restauro
All' opre di virtù ch'il tempo, e morte
Consuma merta premio altro che d'auro,
Onde poscia ch'il ciel v'ha dato in sorte
Di poter tanto, ceda il Mirto, e'l Lauro
Al bello Arbor di Gioue, assai più forte.

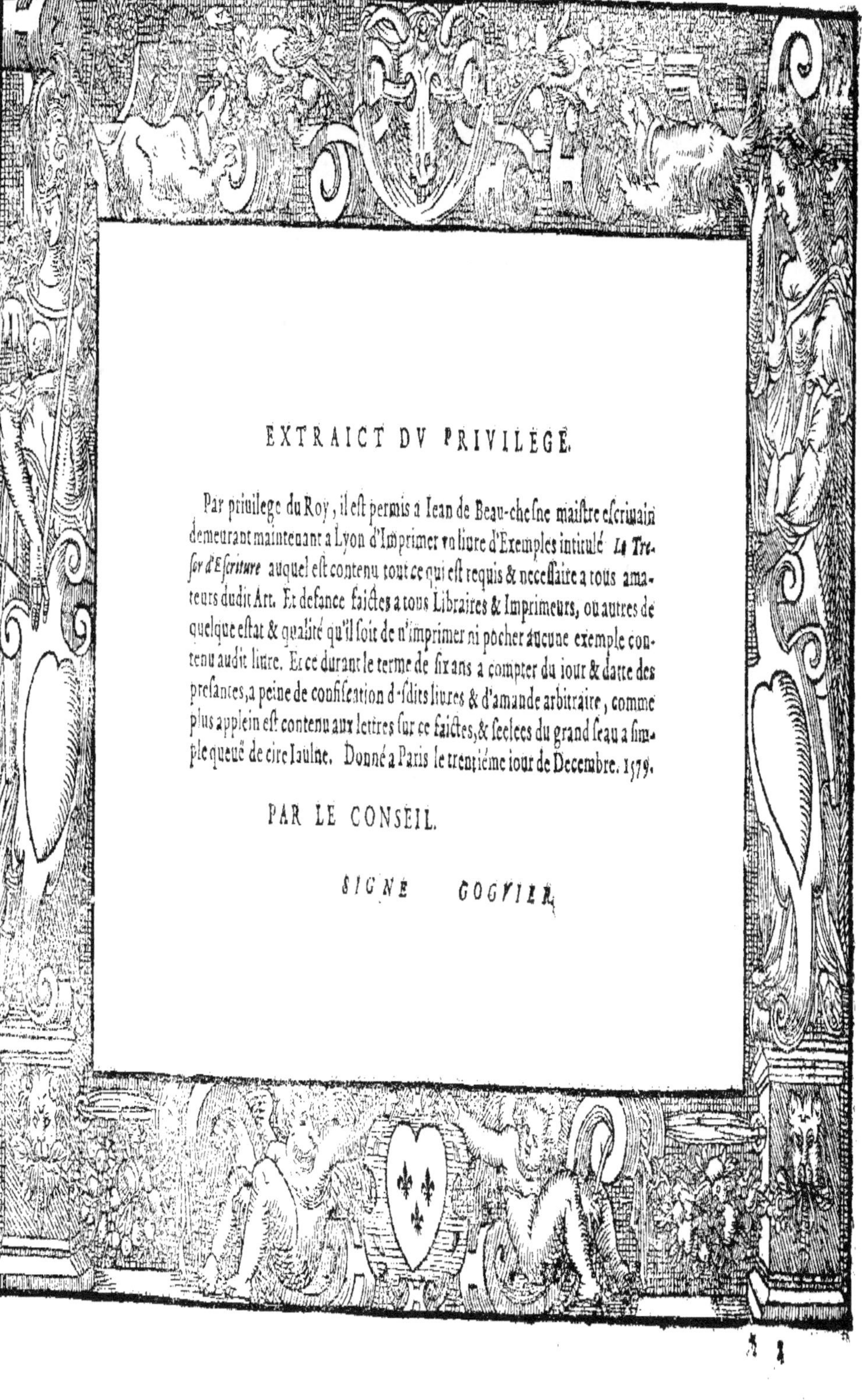

EXTRAICT DV PRIVILEGE.

Par priuilege du Roy, il eſt permis a Iean de Beau-cheſne maiſtre eſcriuain demeurant maintenant a Lyon d'Imprimer vn liure d'Exemples intitulé *Le Treſor d'Eſcriture* auquel eſt contenu tout ce qui eſt requis & neceſſaire a tous amateurs dudit Art. Et defance faictes a tous Libraires & Imprimeurs, ou autres de quelque eſtat & qualité qu'il ſoit de n'imprimer ni pocher aucune exemple contenu audit liure. Et ce durant le terme de ſix ans a compter du iour & datte des preſantes, a peine de confiſcation deſdits liures & d'amande arbitraire, comme plus applein eſt contenu aux lettres ſur ce faictes, & ſeelees du grand ſeau a ſimple queuë de cire Iaulne. Donné a Paris le trentiéme iour de Decembre. 1579.

PAR LE CONSEIL.

SIGNE   GOGVIER

Ainsi comme l'oeconome laboureur doit aduiser a ne man=
der sa semence en terre sterile & ingrate, pour estre de
meilleur rapport a son mesnaggement: pareillement le serui=
teur doit aduertir a planter ses seruices en telles personnes,
qu'ils ne luy puissent infructueusement reuscir.

Bien veritable est ce Paradoxe Stoique. Lequel dit qu'il n'y a bien que la vertu, & mal que son contraire le vice. Et passant encores oultre, suyuant leur opinion, et de plusieurs anciens sages, ie dis, que le seul vertueux est libre & bien-heureux, voire fut-il dans le Toreau de Phal.ris

Ciceron par infinies belles raisons prouue, que la vertu
seule est de soy suffisante pour bien et heureusement
viure. Aussi certes tout homme de bien & vertueux, de
quelque condition qu'il soit, est tant heureux, s'il le scait
cognoistre, qu'il n'a rien a souhaiter auec passion ou trauail.

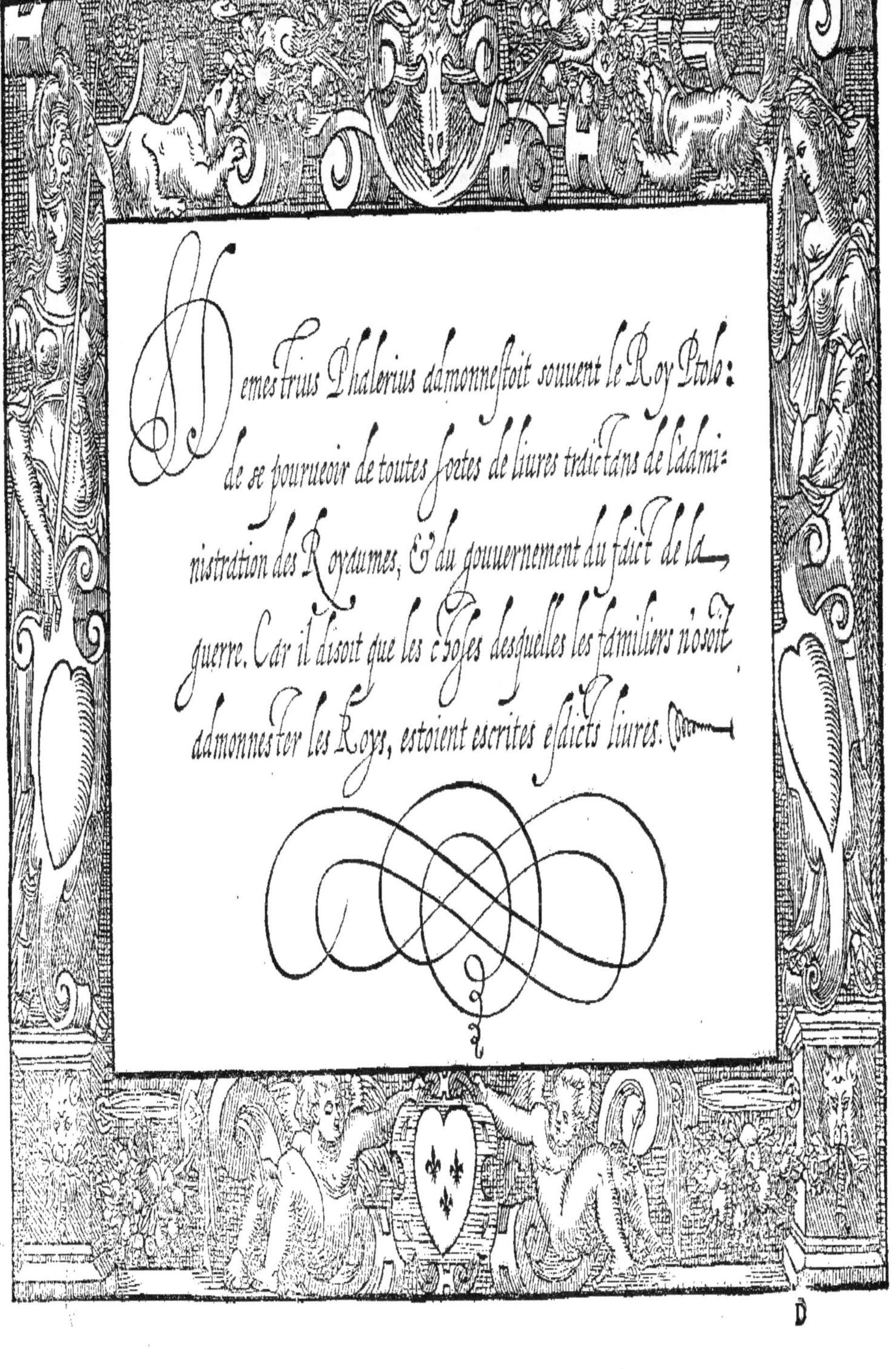

Demestrius Phalerius admonnestoit souuent le Roy Ptolo:
de se pourueoir de toutes sortes de liures traictans de l'admi=
nistration des Royaumes, & du gouuernement du faict de la
guerre. Car il disoit que les choses desquelles les familiers n'osoit
admonnester les Roys, estoient escrites esdicts liures.

Escoute l'enseignement de ton pere & de ta mere, lesquels t'ont engendre, & ne deprise leurs enseignemens. Car l'enfant humble et debonnaire, est tousiours plaisant & aggreable a Dieu. Non seulement leur conseil doit estre dilligemment ouy & observe, mais aussi celuy des gens de bonne reputatiõ.

Fault que nous soyons attrempez en toutes choses : car tempe-
rance est le frain qui restrainct toutes les voluptez du corps &
qui deffend a tout homme de n'appeter chose illicite. Elle faict q̃
nous sommes immouuables, d'autant q̃ ses compagnes sont ordre,
& moderation, Iugement, doctrine, equité & autres vertuz.

Grand empeschement est ordonné a tout homme, & vn ioug pesant sur les enfans d'Adam depuis le iour qu'ilz sont sortis du ventre de leur mere, iusques au iour qu'ilz retournent en celle qui est mere de tous. A sçauoir leur pensees, la crainte de leur cueur, & l'apprehension de la mort.

Hommes ayans quelque perfection plus que les autres, ne doiuent iamais
estre attains & esleuez par orgueil, car cela desplaist incessamment à dieu,
comme nous en auons l'exemple de ses Anges, lesquels pour ceste raison
ont esté abysmez, pareillement pour nulle abondance de richesses ne conuict
s'esleuer, ny estimer d'auantage, mais du tout rendre graces à Dieu.

Il passar la vita sua allegram con gli amici, e cosa piena
di consolatione, è per contrario il non conuersare con esso loro
ò per odio, ò per poca stima non puo esser senza perturbatione
dell'animo. Si come vn torbido fonte non puo dar acque chiare,
cosi vn animo di mal pensieri non puo dar buoni consiglij.

LE ricchezze de prodighi sono simili a quei fichi che
nascono ne precipitij, de' quali si pascono i corui e altri uccel=
lacci. Marauigliandosi un prodigho di Diogene, che a lui
solamente hauesse addimandata souerchia limosina: faccio=
lo (disse egli) perche da gli altri ne potrò hauer piu volte, ma
da te non piu mai.

Molte volte noi parliamo in vano e con nostre grande

danno. imperò che per la consolatione esteriore, noi ci pri-

uiamo della consolatione diuina. chi vol viuer del modo che

viuono gli huomini da bene, e necessario che impari e disim-

pari molte cose, e chiascuna di queste due è molto difficile.

Non fuor di Proposito è assomigliata la Spada di un
furioso all'eloquente senza sapienza, però ci come à
Allo saccente utile esser senza Spada, e si à quello esser
senza eloquenza, se veriate assegnando tutte le pti del
giorno ad alcuni negotij assignava ancora il silentio la
sue

O miseria conditione della vita la qual tanto sei tranquilla quanto ti è
concesso della libidinosa fortuna. S'el padre deue pianger nella
morte del figliuolo, deue ancor pianger nel suo nascimento perche
all'hora s'incomincia a morire, e nella morte si finisce. Questo
mondo e una vale veramente di lagrime profunda & piena di fango.

Platone disse, che quattro sono le spetie di Nobilità. La p(rim)e
di coloro che sono nati di buoni, Et giusti padri: La seconda di
quelli i cui padri furono possenti Et Prencipi: La terza, di quelli
ch'hebbero i loro avoli ò parenti Ill(ust)ri: La quarta Et più lodevole
di tutte è, quando alcuno per p(ropr)ia virtu è Ecc(ellen)te nell'arte sua.

C C Q Q Q Q : R R R R R R , R . R :

r S S : T T J J J J . q q V V

V V V : X X X X : Y Y Y Y Y

Y Y Y Y Y : Z Z Z Z Z :

R

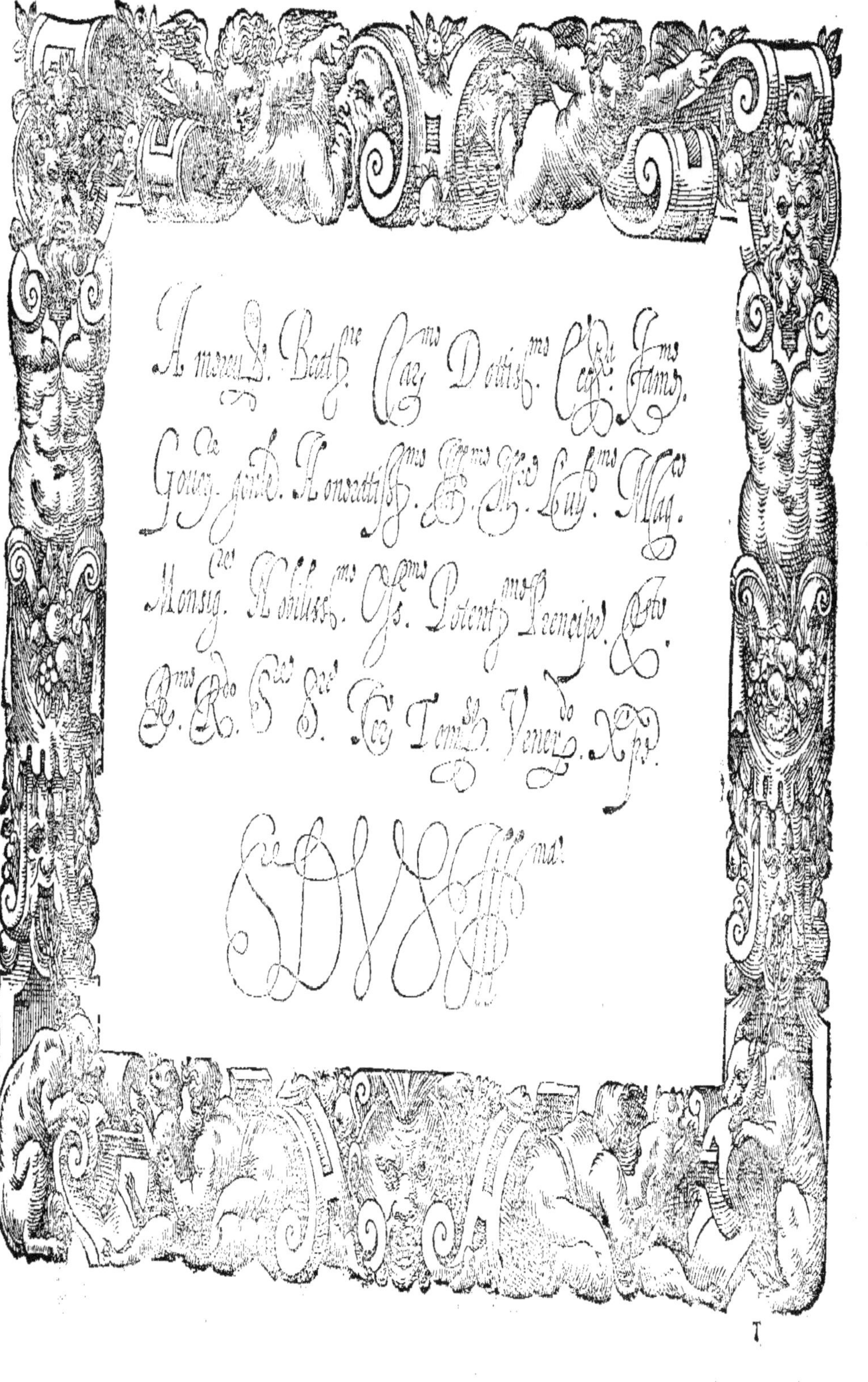

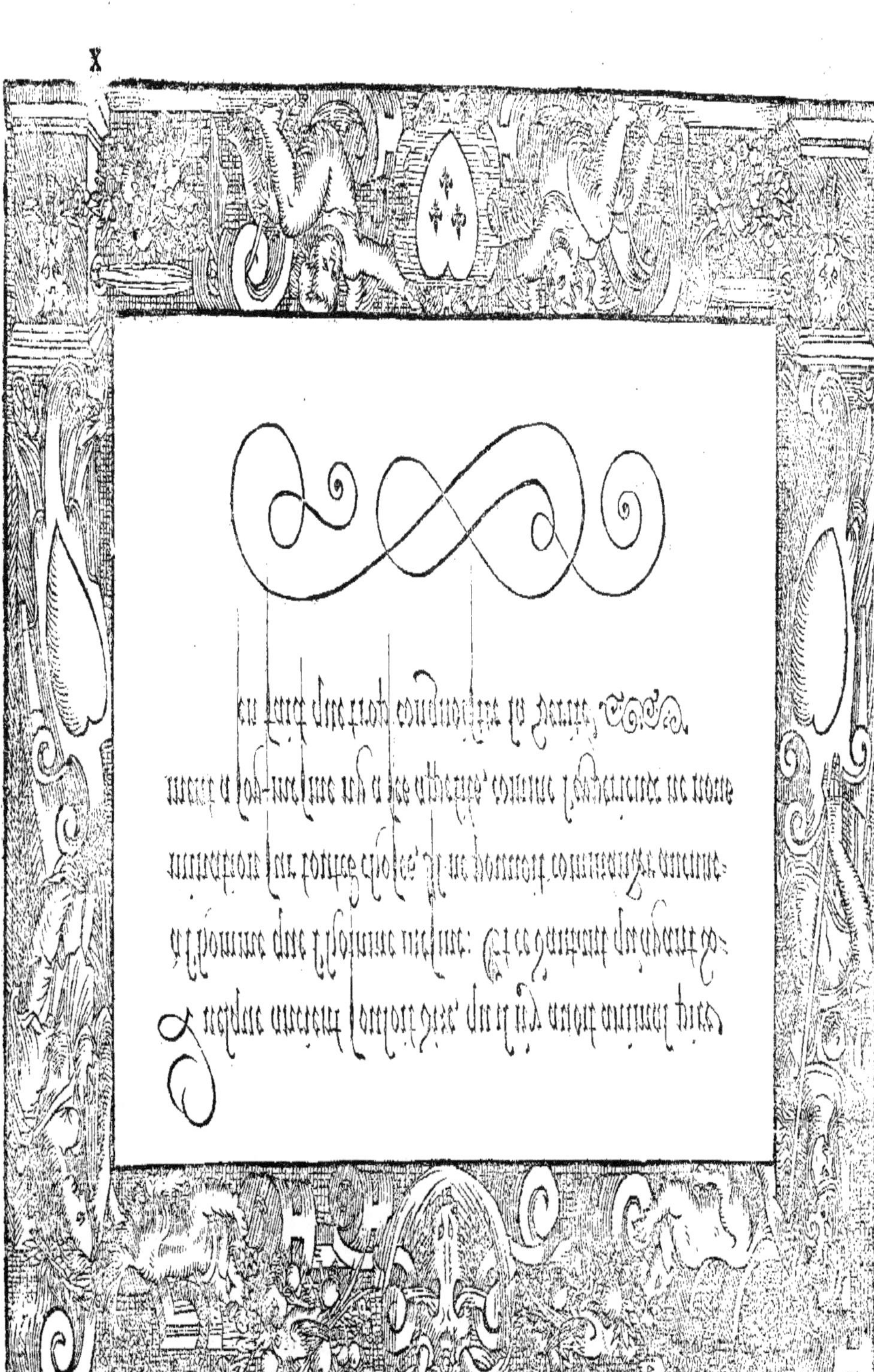

Quelque ancien souloit dire, qu'il n'y auoit animal pire
à l'homme que l'homme mesme : Et ce veritablement quant à l'ad-
miration sur toutes choses, Il ne pouuoit commander aucune-
ment à soy-mesme, ny à ses appetis, comme l'experience ne nous
en faict que trop cognoistre la santé.

Et tourne les yeux vers toy-mesme: Et garde toy de Juger
les faictz d'autruy. En jugeant autruy l'homme faict peine
perdue, le plus souvent Il se trompe, & peche facilement, Mais
en se jugeant & examinant soy-mesme on faict tousiours labeur
proffitable. Selon l'affection que nous portons a quelque chose
ainsi en jugeons nous souvent.

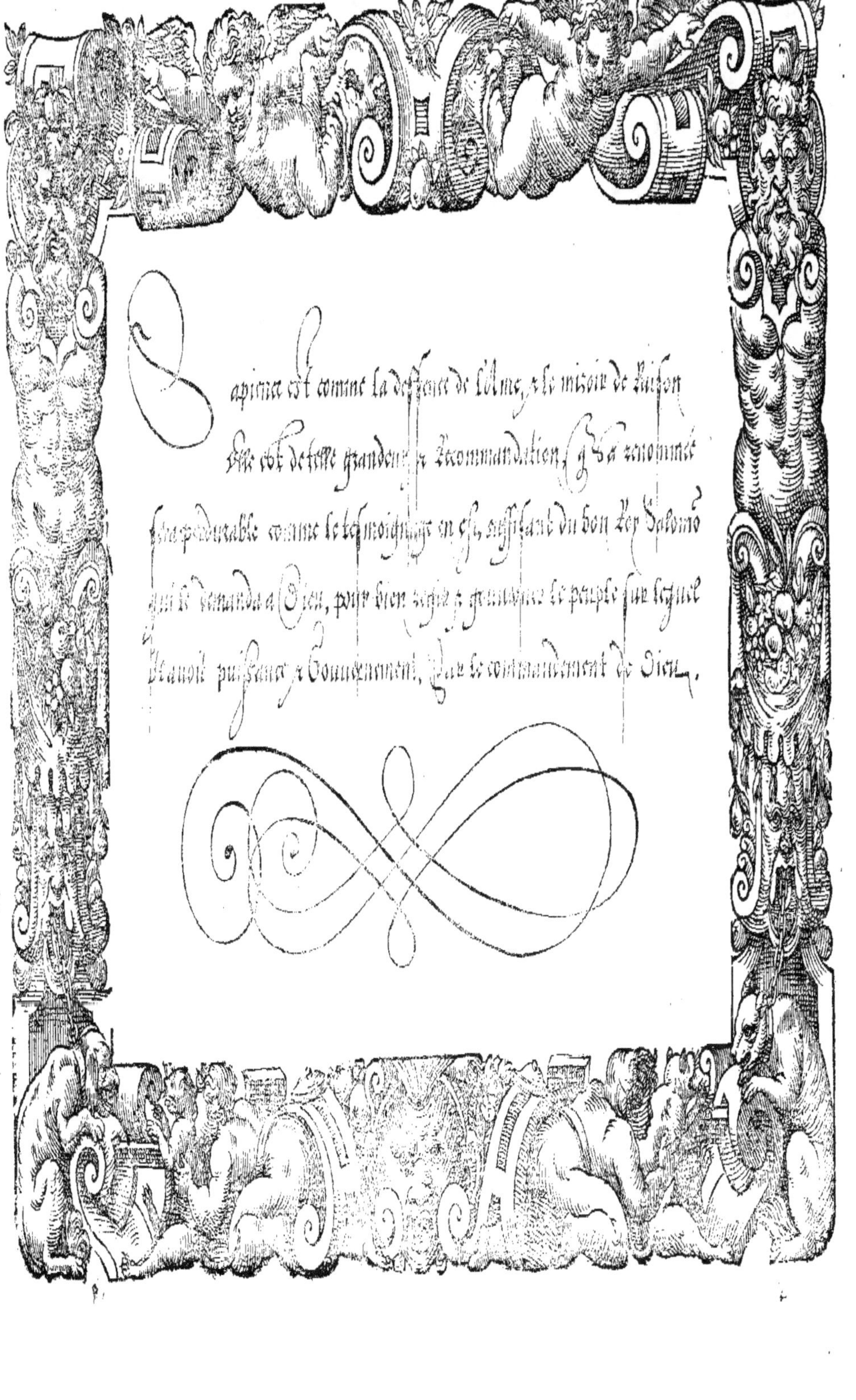

Sapience est comme la deffence de l'Ame, & le miroir de Raison
Elle est de telle grandeur & recommandation, & sa renommée
sera perdurable comme le tesmoignage en est, suffisant du bon Roy Salomo
qui la demanda a Dieu, pour bien regir & gouverner le peuple sur lequel
il avoit puissance & Gouvernement, Par le commandement de Dieu.

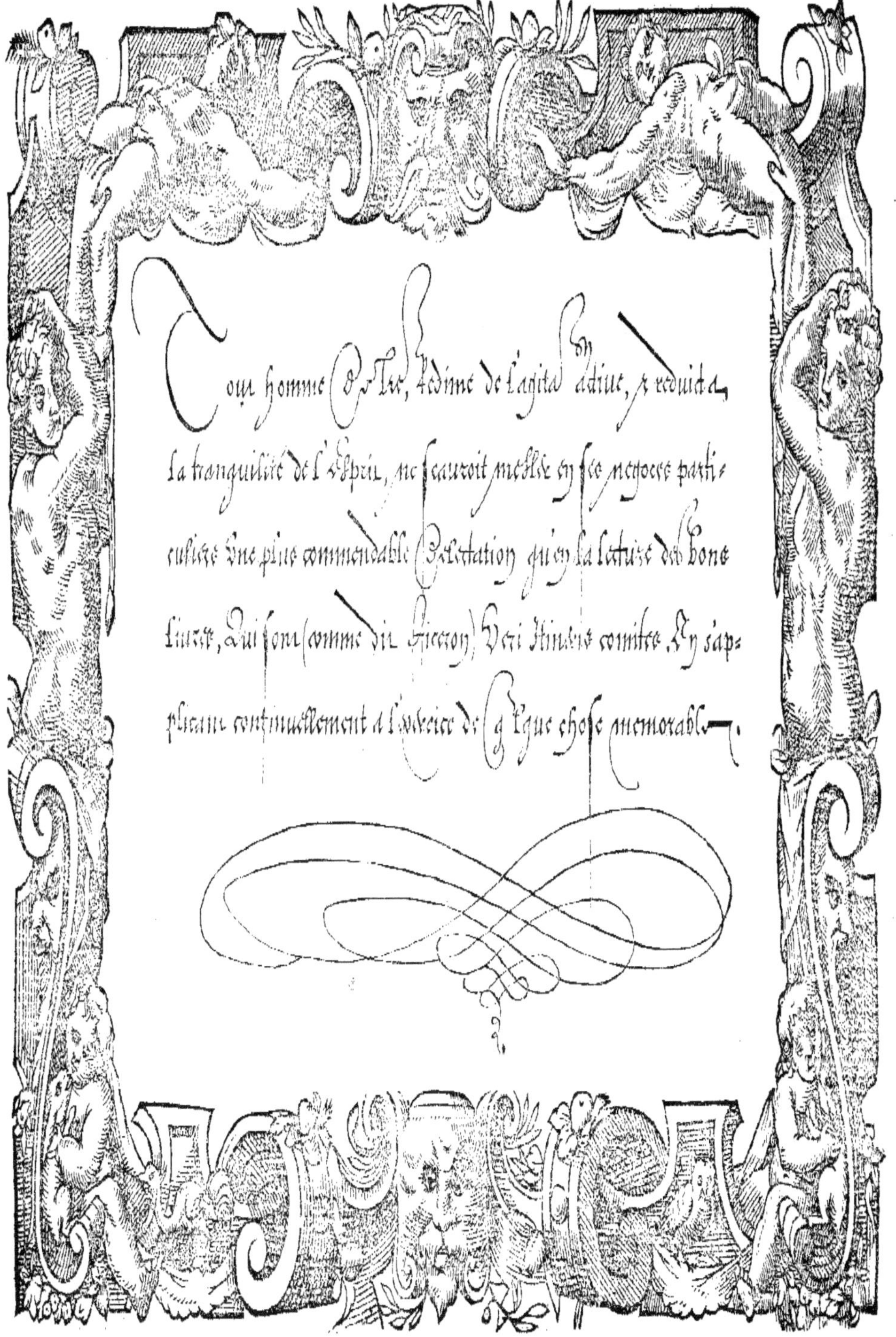

Tout homme destiné de l'agitation actiue, et reduict a la tranquilité de l'Esprit, ne sçauroit mesler en ses negoces particuliers vne plus commendable Delectation qu'en la lecture des bons liures, Qui sont (comme dit Cicenon) Veri itineris comites. Et y s'appliquant continuellement a l'exercice de quelque chose memorable.

L'homme sage ne descouvrira iamais son cœur a un autre,

mais il traitera de ses affaires avec l'homme sage & prudent. Il

perd son tems avec ceux qui [...] Garde toy d'estre

[...] & ne mesprise [...] de [...]

prudence. Accompagne toy avec les simples & humbles de cœur.

Xenocrates natif d'Athenes, fut disciple de Socrates, et
mourut à Corinthe: estant fort bien entre les Philosophes, et
a esté le premier qui a escrit histoires. Il aymoit excellemment
les chevaux, la chasse, et l'exercice de guerre: comme tesmoigne
les oeuvres qu'il en a laissées par escrit, lesquelles sont fort recom-

Fut-il Jamais au Monde chose Plus digne & necessaire a
l'homme que la Plume, les Sciences & les arts? Il est certain
que non. Car par la Plume se manie & negocie tous affaires d'Importance
par les sciences se doit l'Infinité de bonnes Disciplines qui est bien
gouvernée Et par les arts Je est nourry & Substanté de son labe.

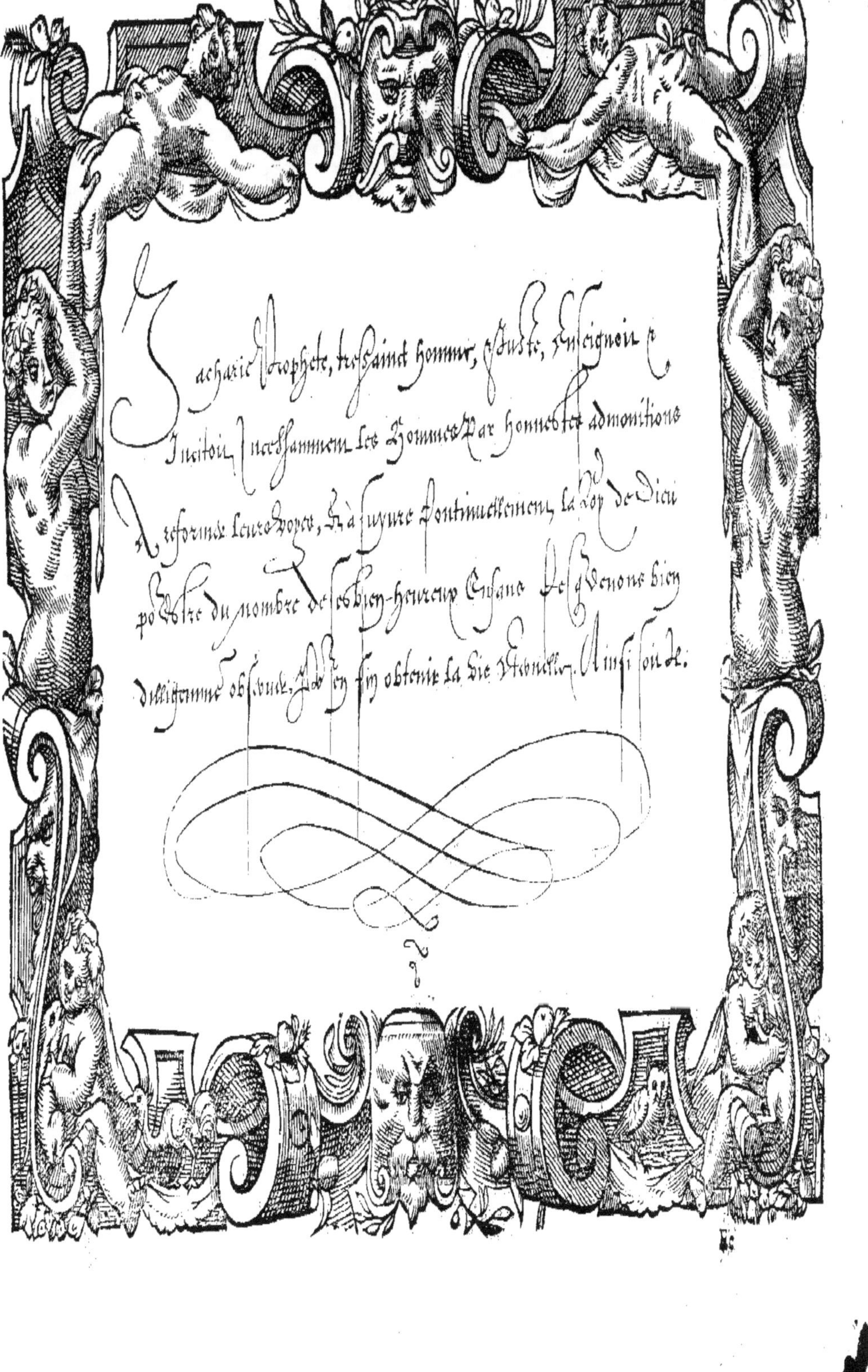
Zacharie Prophete, tres-sainct homme, & iuste, enseignoit &
incitoit incessamment les hommes par honnestes admonitions
à reformer leurs propos, & à suyure continuellement la loy de Dieu
pour estre du nombre de ses bien-heureux enfans, lesquels, en bien
diligemment obseruez, & en fin obtenir la vie eternelle. Ainsi soit.

Hh

De l'inuention de I. D. Beau-chesne.

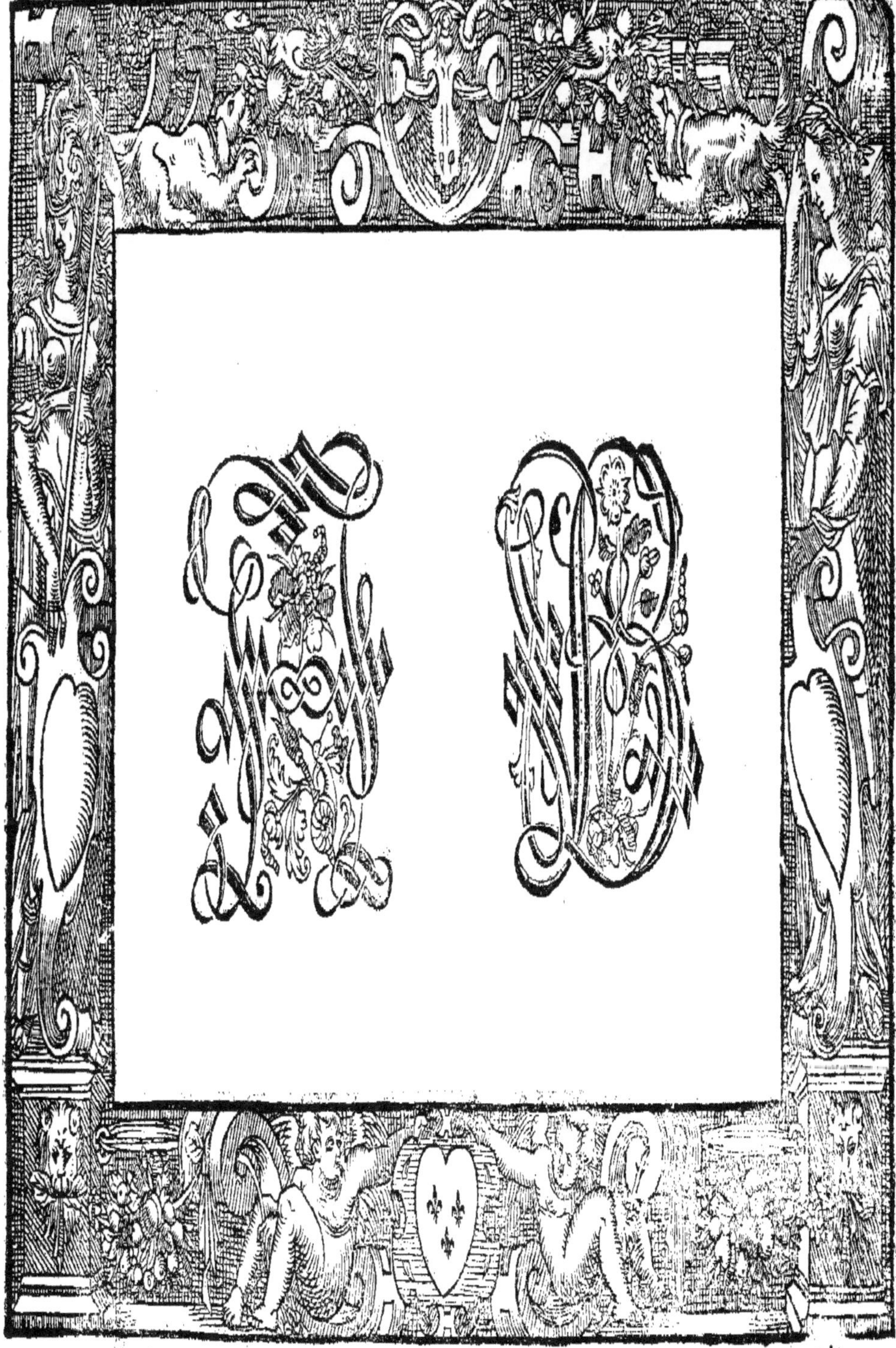

N 1

pp

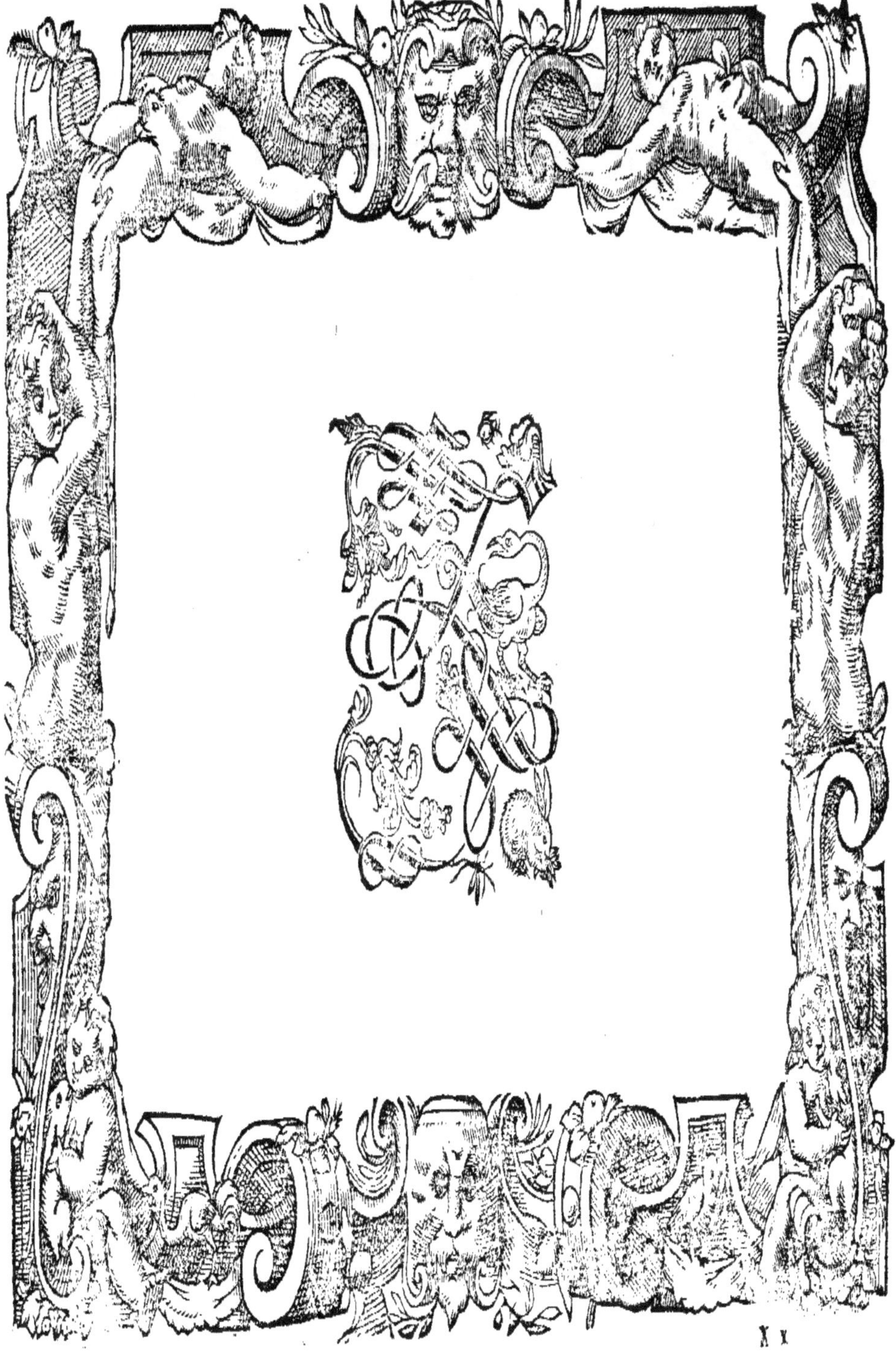

X X

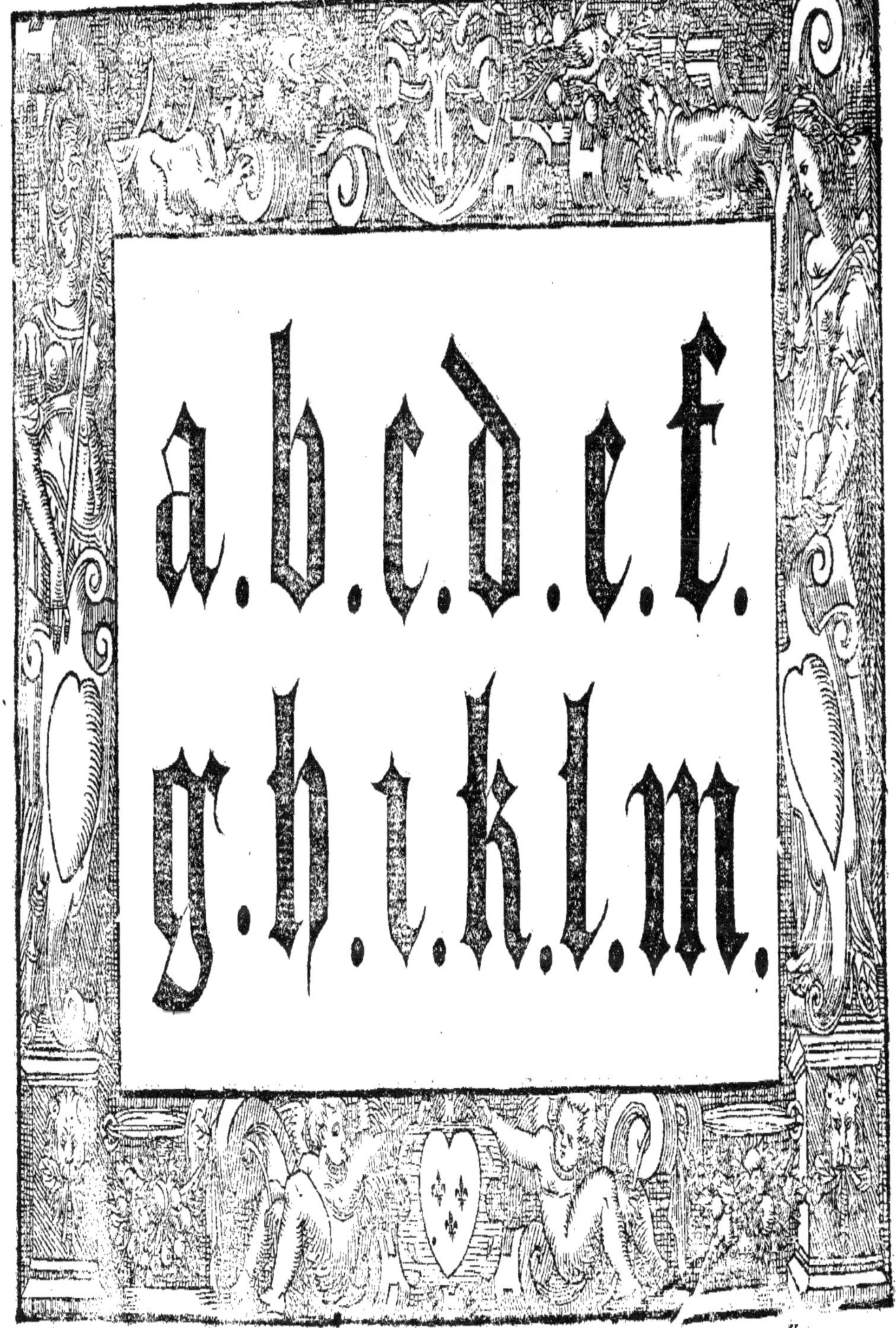

a. b. c. d. e. f.
g. h. i. k. l. m.

a b. c. d. e.
f g h i k l

GG

n. o. p. q. r. s.
s. t. v. u. r. y.

AA

x. y. z. &.
Et. lt. ff. & g

AB

KF

MM

PF

Q q

L'ART ET L'AN
R R